Irma Krauß
Engelsgeschichten für 3 Minuten

Irma Krauß,
geboren 1949, lebt mit ihrer Familie in der Nähe von Augsburg.
Nach ihrem Pädagogikstudium arbeitete sie als Lehrerin und
begann 1989 zu schreiben.
Seither hat sie zahlreiche Kinder- und Jugendbücher und einen
Roman für Erwachsene veröffentlicht. 1998 wurde sie mit dem
Peter-Härtling-Preis für Kinder- und Jugendliteratur geehrt.

Hans-Günther Döring,
geboren 1962, hat nach seiner Ausbildung als
Schauwerbegestalter Grafik-Design und Illustration in Hamburg
studiert. Er lebt mit seiner Familie, Hund, Hasen, Hühnern und
ganz viel Garten vor den Toren Hamburgs.
Seit 1991 illustriert er Kinderbücher.

Irma Krauß

Engelgeschichten für 3 Minuten

Mit Bildern von Hans-Günther Döring

In neuer Rechtschreibung

2. Auflage 2006
© Edition Bücherbär im Arena Verlag GmbH, Würzburg 2005
Alle Rechte vorbehalten
Einband und Illustrationen: Hans-Günther Döring
Gesamtherstellung: Westermann Druck Zwickau GmbH
ISBN 3-401-08849-1
ISBN 978-3-401-08849-5

www.arena-verlag.de

Inhalt

Die fliegende Schule der Engelchen	10
Bruno Riesenhummel	14
Bruno lernt fliegen	18
Tita Vielfraß	22
Tita kann nicht schlafen	27
Ein Engel sieht wie ein Engel aus	31
Unsichtbar werden	35
Eine Hummel aus Knete	39
Die wilden Fußballmänner	44
Bruno kann es	48
Oh Schreck!	53
Frau Bischof, gibt es Engel?	59
Ein Gärtner mit Sonnenstich	63
Wie eine Ladung Ferkelchen	67
Tita auf der Kirchturmspitze	71

Die fliegende Schule der Engelchen

Hast du schon von der fliegenden Schule der Engelchen gehört? Nein? Dann weißt du natürlich auch nicht, wo sie ist! Ich erzähle es dir.
Schau, am Himmel segeln weiße Wolken. Sie segeln wie Schiffe, sie fliegen wie Wolken. Es sind Wolkenschiffe. Der Wind treibt sie über den Himmel, wie ein Hirte seine Schafe über die Wiese treibt. Und wie bei einer Herde beschützen die großen Wolkenschiffe die kleinen Wolkenschiffe und nehmen sie in ihre Mitte.
Zu den kleinen Wolkenschiffen gehört das Schulschiff der Engelchen. Es ist selten zu sehen, weil der Wind meistens einen Wolkenteppich darunter schiebt. Im Schulschiff, auf dem watteweichen Boden, sitzen die Engelchen vor dem Fräulein Lehrerin, das ist Engel

Malfriede. Engel Malfriede ist ein großer Engel mit gewaltigen Flügeln. Die kleinen Engelchen haben winzige Flügelchen, ungefähr wie auf der Erde die Hummeln. Sie taumeln und purzeln und sind ständig in Gefahr, abzustürzen. Spätestens auf dem Wolkenteppich können sie sich noch einmal fangen, dazu ist er da.

Die großen Flügel von Engel Malfriede sind prima. Mit ihnen kann die Engelslehrerin schnell vom Schulschiff zum Schlafschiff fliegen. Oder zum Spielschiff. Oder zum Mittagsschiff. Wohin sie will.

Jetzt gerade will sie nirgendwohin, jetzt ist Schule.
»Wer kennt ein Gedicht?«, fragt sie die Engelchen.
Bruno meldet sich. »Ich weiß ein Gedicht, das sag ich nicht!«
»Dooooch, Bruno!«, betteln die anderen Engelchen.
»Ich sag es nicht. Das war das Gedicht«, sagt Bruno.
Die Engelchen lachen.
»Ich sag es bald – im grünen Wald«, kichert Bruno.
»Hier gibt's keinen Wald«, ruft Engel Malfriede streng.
»Drum sag ich's nie, kikeriki!«, kräht Bruno.
Die Engelchen sind begeistert. Sie springen auf und hüpfen krähend herum.
»Bin ich denn auf dem Hühnerhof?«, ruft die Engelslehrerin. »Setzt euch sofort wieder hin, ihr Küken!« Sie schlägt und knattert mit den Flügeln, um den Engelchen Angst zu machen. Weil Engel Malfriede aber Flügel hat, mit denen man überall anstößt, stieben bei jedem Flügelschlag Wolkenfetzchen auf, als würde es schneien.
»Hui, es schneit!«, jubeln die Engelchen und versuchen die Flöckchen zu fangen.
Engel Malfriede regt sich darüber sehr auf und schlägt noch heftiger mit den Flügeln. Die Wolkenfetzchen fliegen immer dichter, wie dickes, weißes Schneetreiben.

Die Engelchen sausen herum und fangen Flöckchen und haben es so lustig wie auf dem Spielschiff.
»Ich sag es nie, kikeriki!«, krähen sie ausgelassen.
Engel Malfriede kann ihnen heute leider gar nichts beibringen. Nicht, wie man durch Wände geht. Nicht, wie man ordentlich fliegt. Oder beim Landen nicht umkippt. Oder sich unsichtbar macht. Auch nicht, wie man Gedanken liest. Oder damit rechnet, dass ein Erdenkind plötzlich aus der heißen Teekanne trinken will. Überhaupt: dass es Erdenkinder und Teekannen gibt und wie alle die anderen Sachen auf der Erde heißen. Nichts lernen die Engelchen heute. Vor lauter Kikeriki, Kikeriki!

Bruno Riesenhummel

Das Schulschiff hält über einem Kindergarten an.
»Ihr dürft zur Bordwand kommen und runterschauen!«, sagt Engel Malfriede und schiebt mit langem Arm den Wolkenteppich zur Seite.
Unten steht der Kindergartenengel am offenen Fenster und winkt heimlich herauf. Die Erdenkinder sitzen um den Tisch und merken nichts davon.
Die Engelchen staunen über die vielen Spielsachen der Erdenkinder. Bauklötze, Puppen, Häuser, Straßen, Autos – und was für eine Menge Tiere!
»Das sind Kuscheltiere«, erklärt Engel Malfriede. »Häschen und Bären und Löwen und Tiger. Ihr seht ja, ein ganzer Zoo.«
»Ein Zoo, hoho, soso!«, reimt Bruno.

Aber die Engelchen hören ihn nicht, sie haben im Kuschelzoo einen Dinosaurier entdeckt und wollen wissen, was das ist. Bruno findet Stofftiere nicht so spannend. Er guckt lieber, was die Kinder machen und was die Erzieherin tut, die füllt nämlich dampfenden Tee aus einem Topf in eine Kanne um. Sie stellt die Kanne auf den Schrank. Den leeren Topf trägt sie wieder hinaus. Die Kinder sitzen am Tisch und malen. Plötzlich steht ein Erdenjunge auf. Es ist Niklas. Er geht zum Schrank und probiert, ob er an die Teekanne rankommt. Er stellt sich auf die Zehenspitzen. Er hat vorher schon mal vom Ausgießer der Kanne getrunken, aber da war noch kalter Tee drin gewesen. Bruno sieht, wie der Junge den Ausgießer packt.
»Halt!«, schreit Bruno. »Heiß!« Vor Schreck beugt er sich weit über die Bordwand – und fällt. Die Engelchen quieken entsetzt auf. Bruno stürzt genau durch das Wolkenloch. Wie ein Pfeil fliegt Engel Malfriede hinterher. Von unten kommt im selben Moment der Kindergartenengel. Beide wollen Bruno packen. Sie stoßen – *pomm!* – zusammen.

Bruno purzelt weiter. Er schlägt wild mit den Flügelchen, er rudert mit Armen und Beinen. Die Flügelchen schimmern im Sonnenlicht, denn Bruno hat noch nicht gelernt sich unsichtbar zu machen. Wie eine goldene

Hummel taumelt er am offenen Kindergartenfenster vorüber.

»Ui!«, schreit das Mädchen Lena und zeigt zum Fenster.

»Was?«, rufen die anderen Kinder.

»Eine Riesenhummel, ich hab eine Riesenhummel gesehen, eine goldene!«, kreischt Lena.

Niklas fährt bei dem Geschrei herum. Sein Glück! So ergießt sich der heiße Tee nur über den Schrank. »Aua!« Niklas zieht seine Zehen weg. Er schüttelt die Hand und heult. Er kriegt eine schreckliche Ahnung davon, was soeben beinahe passiert wäre.

Ohne Bruno wäre es bestimmt geschehen, denn der Kindergartenengel hat überhaupt nicht aufgepasst.

Die Kinder laufen zum Fenster. Aber sie sehen nichts. Sie können nichts sehen, weil Bruno längst im Gras gelandet ist und der Kindergartenengel sein unsichtbares Gewand über ihn gebreitet hat.

»Wo soll eine Riesenhummel sein?«, rufen die Kinder am Fenster.

»Eine Riesenhummel?« Bruno zappelt und strampelt unter dem Gewand. »Ich will auch eine Riesenhummel sehen!«

»Psst«, flüstert der Kindergartenengel. »Mund halten, du kleiner Engelsbraten, verflixt! Und liegst du wohl still, bis sie vom Fenster weg sind!«

Bruno lernt fliegen

Wenn man auf einem Wolkenschiff wohnt, sollte man gut fliegen können. Deshalb haben die kleinen Engelchen fast jeden Tag Flugstunde. Engel Malfriede nimmt ein Engelchen nach dem anderen um die Mitte und hält es in die Luft. »Ich werfe dich hoch«, sagt Engel Malfriede. »Du breitest deine Flügelchen aus und schlägst mit ihnen. So werden sie schön kräftig. Hab keine Angst, du landest sicher auf dem Schiffsboden. Für alle Fälle ist ja der Wolkenteppich unter uns. Denn wenn dich wirklich der Wind packt . . . Und nun los!« Engel Malfriede wirft ein Engelchen hoch. Hui! Und dann das nächste.
Bruno, der schon vom Wolkenschiff bis hinab zur Erde gesegelt ist, wenn auch nur aus Versehen, Bruno findet den kleinen Schubs langweilig. »Mehr! Höher!«, sagt er.

»Bitte, heißt das«, sagt Engel Malfriede streng.
»Bitte!«, sagt Bruno. »Bitte, viel höher!«
Engel Malfriede gibt ihm einen kräftigen Schubs.
»Hui!«, jauchzt Bruno. Er flattert über das halbe Schiff und landet auf seinem Popo.
»Ich auch! Ich auch!«, betteln die anderen Engelchen.
»So hoch wie Bruno! Bitte!«
Engel Malfriede schüttelt den Kopf. »Solange ihr nicht richtig auf den Füßen landen könnt . . .
Nein, nein, nein, jetzt wird geübt!«
Zuerst maulen die Engelchen.
Aber dann geben sie sich Mühe.

Es ist nämlich gar nicht einfach, schön auf den Füßen zu landen, wenn man aus der Luft kommt; man wackelt hin und her, man fällt auf die Nase, man fällt auf den Popo.

»Hinten anstellen! Noch einmal!«, ruft Engel Malfriede. Bruno landet diesmal auf seinen Füßen.

»Gut!«, sagt Engel Malfriede und übt dann nur noch mit den Engelchen, die es nicht können.

Bruno langweilt sich wieder mal. Er spaziert um den Mast herum. Am Mast hängt das Segel. Wenn der Wind hineinfährt, bläht sich das Segel. Aber jetzt schlägt es Falten wie ein feuchtes Geschirrtuch. Denn der Wind hat heute verschlafen. Er liegt hinter einer dunklen Wolkenwand und schnarcht. Die Wolkenwand kriegt eine Beule und fällt wieder zusammen. Chchrr . . . Chchrr . . .

Um die Beule besser sehen zu können, klettert Bruno den Mast hoch.

Gerade als er oben ist, platzt die Beule. Der Wind pustet durch das Loch und mitten hinein ins Segel. Das Segel schlägt und flattert und knallt Bruno um die Ohren. Er lässt vor Schreck den Mast los und wirbelt durch die Luft.

»Ui, verflixt!«, jammert Engel Malfriede. »So hoch hab ich dich doch gar nicht geworfen!«

Bruno macht dreizehn Purzelbäume beim Landen.

»Halt, halt, halt!«, ruft Engel Malfriede. »Wir sind hier nicht beim Zirkus! Alle zu mir, Schluss für heute!«

Die Engelchen müssen sich an den Händen fassen, acht auf jeder Seite von Engel Malfriede. Engel Malfriede greift sich die beiden Engelchenreihen und verlässt mit den Engelchen das Schulschiff.

Hui, ist Fliegen schön!

Tita Vielfraß

Auf dem Mittagsschiff bekommen die kleinen Engelchen ihre tägliche Portion Sonnenlicht. Sie müssen ja wachsen und groß und kräftig werden. Das Mittagsschiff segelt mit ihnen durch alle Wolkenschichten hindurch nach oben, wo die Sonne ist. Dort sitzen die Engelchen dann im Kreis und trinken Sonnenlicht, bis sie satt und müde sind. Danach halten sie ein Schläfchen. Die Sonnenstrahlen flirren über ihre Hemdchen, ihre Lockenköpfe, ihre bloßen Arme und Beine und über die gefalteten Flügelchen. Die kleinen Engelchen leuchten vom Schopf bis zu den Zehen. Das Sonnenlicht reicht ihnen bis zum nächsten Mittag aus. Sie schimmern davon in der Nacht wie Sternschnuppen.

Nach dem Mittagsschlaf sind die Engelchen wieder unternehmungslustig. Das Mittagsschiff taucht

mit ihnen hinab zum Spielschiff. Dort wartet der Spielengel. Er kippt das Mittagsschiff, sodass die kleinen Engelchen aufs Spielschiff schwirren und purzeln können. Auf dem Spielschiff darf man landen, wie man will. Mit zwölf oder zwanzig oder hundert Purzelbäumen, ganz so, wie man Lust hat. Man darf einander jagen und fangen. Man darf sich hinter dem Spielengel verstecken. Man darf den Mast hinaufklettern und sich ins Netz fallen lassen – denn das Spielschiff hat ein wunderbares Netz aus Wolkenfäden unter dem Mast.

Bei all dem Herumgerenne fällt es dem Spielengel schwer, seine Engelchen zu zählen. »Eins, zwei, drei, vier, fünf, sechs, sieben, acht, neun, zehn, elf, zwölf, dreizehn, vierzehn, fünfzehn«, zählt er und fängt wieder von vorn an. Aber er kommt immer nur bis fünfzehn.
Der Spielengel schlägt mit den Flügeln. »So, jetzt alle mal in einer Reihe aufstellen!«, ruft er.
Als die Engelchen schön vor ihm stehen, zählt er wieder: »Eins, zwei, drei, vier, fünf, sechs, sieben, acht, neun, zehn, elf, zwölf, dreizehn, vierzehn, fünfzehn. Stehen bleiben! Keine Bewegung, bis ich zurück bin!«, sagt der Spielengel. Dann fliegt er pfeilgerade zum Mittagsschiff. Dort findet er das EngelchenTita in einer Ecke liegen. Tita hat so viel Sonnenlicht getrunken, dass sie rund ist wie die Sonne selbst und sehr, sehr schläfrig.
»Was hast du nur wieder gemacht, du kleiner Vielfraß?«, schimpft der Spielengel. Er nimmt Tita in die Arme und fliegt mit ihr zum Spielschiff. Dort bettet er sie ins Netz unter dem Mast. Tita glüht wie eine goldene Kugel und schnarcht wie der Wind. Chchrr . . . Chchrr . . .

Die anderen Engelchen dürfen sich nicht mehr vom Mast fallen lassen, denn das Netz ist jetzt besetzt. Deshalb spielen sie Blinder Engel. Das geht so: Ein Engelchen steht im Kreis und kneift die Augen zu. Es wird von den anderen gezupft, aber es darf nicht gucken.
Jetzt steht Bruno im Kreis. Er blinzelt ein wenig, er soll ja schließlich jemanden fangen. Und dann raten, wer das ist.
»Nicht mogeln, nicht mogeln!«, ermahnt der Spielengel.
»Du bist doch kein Erdenkind, verflixt noch mal!«
»Macht nix im Saal!«, reimt Bruno frech.
»Hier ist kein Saal«, sagt der Spielengel.
»Verflixt noch mal!«, ruft Bruno. Weil nämlich alle Engel furchtbar gern verflixt sagen. Warum das so ist, weiß keiner.

Tita kann nicht schlafen

Auf dem Schlafschiff schlafen die kleinen Engel in der Nacht. Sie kuscheln sich aneinander und sehen im Mondlicht wie goldschimmernde Schäfchen aus.
Nur Tita ist wach. Sie hat am Nachmittag zu lang geschlafen. Sie guckt sich den Mond und die Sterne an.
»Augen zu«, sagt der Schlafengel.
»Geht nicht«, sagt Tita. »Ich bin wach.«
»Aber, aber«, sagt der Schlafengel und setzt sich neben sie. »Dann schläfst du ja morgen in der Schule ein!«
Was morgen ist, interessiert Tita nicht. »Wenn ich mal groß bin wie du«, sagt sie, »muss ich dann auch nie schlafen?«
»Wir großen Engel«, antwortet der Schlafengel, »haben unsere eigene Art, zu schlafen.«
»Wie geht die?«

»Das wirst du noch lernen, kleine Tita.«
Der Schlafengel leuchtet sanft wie der Mond.
»Weißt du, was ganz, ganz schwer ist?«, fragt Tita gesprächig.
»Hm?«
»Sich unsichtbar machen. Warum dürfen uns die Erdenkinder eigentlich nicht sehen?«
»Was denkst du wohl, kleine Tita? Wenn sie uns sehen könnten, kämen sie auf die dümmsten Gedanken: Dass wir dies und das für sie holen sollen. Dass wir etwas kaputt Gegangenes wieder ganz machen sollen. Dass wir mit ihnen fliegen sollen . . .«
»Oje, ich kann ja noch nicht mal allein fliegen!«
»Siehst du wohl.«
Tita ist eine Weile still. Dann sagt sie: »Kannst du die Sterne zählen?«
»Warum sollte ich die Sterne zählen?«, antwortet der Schlafengel. »Es genügt doch, dass sie da sind.«
»Aber den Mond, den gibt's nur einmal?«
»Ja, den gibt's nur einmal«, bestätigt der Schlafengel.
»Eigentlich ist er auch ein Engel. Ein Riesenengel«, sagt Tita nachdenklich. »Weil er Sonnenlicht trinkt . . .«
Der Schlafengel schüttelt den Kopf über Tita.

»Stell dir einmal den Mond mit Flügeln vor!«
»Mach ich gerade«, sagt Tita. »Sie stehen ihm gut. Und sein Bauch ist so dick wie meiner heute Nachmittag!«
Der Schlafengel lächelt. Er bettet Tita in seinen Arm.
»Hörst du jetzt wohl mit deinen Dummheiten auf. Schau mal, wie schön die anderen Engelchen schlafen. Und ich werde jetzt auch gleich schlafen, auf meine Weise.«
»Sag mir, wie! Sag's mir doch!«, bettelt Tita.

»Ich suche mir einen Stern aus und schaue ihn fest an. Ganz fest. Nur den einen Stern. Versuch das mal.«
Tita kuschelt sich in den Arm des Schlafengels und schaut ins Weltall hinaus. Sie sucht sich einen Stern aus, einen besonders schönen. Sie guckt ihn ganz fest an. Sie denkt: Ich will nur meinen Stern anschauen, sonst gar nichts. Nur meinen Stern ...
Der Schlafengel wiegt Tita sacht. Nach einer Weile hört er sie murmeln: »Mein Stern hat auf einmal Flügel, richtig große Flügel ...« Tita fallen die Augen zu. Sie schläft. Der Schlafengel sucht sich auch einen Stern aus und schaut ihn lange an. Verflixt, denkt er, was die Kleine kann, muss ich doch auch können ... Warum kriegt mein Stern denn keine Flügel, verflixt?

Ein Engel sieht wie ein Engel aus

Unten auf der Erde soll auch jemand schlafen, der Erdenjunge Niklas. Aber er kann nicht. Seit vier Nächten hat er denselben Traum und wacht davon auf: Er fasst nach der heißen Teekanne, alle Kinder schreien und rennen zum Fenster, Niklas lässt die Teekanne los, fährt herum und sieht draußen eben noch eine goldene Riesenhummel vorüberfliegen.
Dabei hat bestimmt niemand wirklich eine Riesenhummel gesehen, auch nicht Lena, oder? Und am wenigsten er, Niklas. Und doch kommt der Traum immer wieder.
Niklas steht auf und schlüpft zu Mama ins Bett.
Mama wird ein bisschen wach. »Hast du wieder geträumt, Niklas?«, fragt sie.
»Ja. Von der goldenen Riesenhummel.
Ich hab sie schon wieder gesehen!«

»Dann war sie vielleicht wirklich da«, murmelt Mama im Einschlafen und legt den Arm um Niklas.
»Glaubst du?« Niklas schiebt Mamas Arm weg. »Du musst nicht mit mir kuscheln, ich hab keine Angst, es ist ja ein guter Traum! Warum soll ich vor der Hummel Angst haben, wo sie mich doch gerettet hat?«
»Gerettet?« Mama ist plötzlich hellwach. Sie macht Licht und setzt sich auf. »Gerettet, Niklas? Davon hast du mir bisher aber nichts erzählt!«
Niklas seufzt. »Weil du immer schimpfst«, sagt er.
»Ich schimpfe immer?«, fragt Mama entrüstet.
»Ja. Wenn ich aus der Kanne trin . . .«

»Niklas«, sagt Mama ein wenig ungeduldig.
»Wie oft muss ich dir noch sagen, dass . . .«
»Siehst du«, ruft Niklas, »da schimpfst du wieder!«
»Du verbrühst dir eines Tages den Mund, Niklas!«
»Nein«, sagt Niklas, »jetzt nicht mehr.
Wenn ich eine Teekanne sehe, fällt mir
sofort die goldene Hummel ein.«
»Wieso die goldene Hummel?«
»Weil sie im richtigen Moment vorüber-
geflogen ist«, sagt Niklas.
»Dann war's keine Hummel, sondern
ein Schutzengel«, behauptet Mama.

»Ein Schutzengel sieht doch nicht wie eine Hummel aus!«, ruft Niklas.

»Woher willst du das wissen? Hast du schon einen gesehen?«, fragt Mama.

»Ja! Auf Bildern. Ein Engel sieht wie ein Engel aus!«

Mama streicht Niklas über das heiße Gesicht. »Vielleicht doch nicht. Vielleicht nicht immer. Vielleicht muss er erst ein richtiger Engel werden . . . Du siehst ja auch nicht wie ein Mann aus und wirst mal einer!«

»Ach so? Wie seh ich dann aus? Wie eine Mücke? Oder wie ein Maikäfer? Oder wie ein Eichhörnchen?«

»Aber Niklas!«, lacht Mama. »Manchmal, wenn du aus der Badewanne steigst, siehst du wie ein Frosch aus. Vielleicht ist dein Engelchen gerade aus der Sonne gekommen . . .«

Niklas' Mama weiß gar nicht, wie Recht sie hat!

Aber Niklas weiß eines: Er wird sich von jetzt an jede Hummel genau ansehen. Ob sie golden ist. Ob sie größer ist als die anderen Hummeln. Ob sie vielleicht Locken und ein Engelsgesicht hat. Und sowieso wird er sich von Zeit zu Zeit einfach blitzschnell umdrehen. Vielleicht sieht er dann die Riesenhummel, vielleicht ist sie einmal nicht schnell genug . . .

Unsichtbar werden

Auf dem Schulschiff der Engelchen ist es schlagartig still geworden. Die Engelchen sitzen im Halbkreis auf dem watteweichen Schiffsboden und blinzeln verblüfft. Was hat Engel Malfriede da gerade gesagt? *Ich will euch heute einmal überhaupt nicht sehen?* Ja, wieso denn das?

»Denn . . .«, fährt Engel Malfriede fort, »ich kann den Wolkenteppich nicht mehr zur Seite schieben, bevor ihr nicht gelernt habt euch unsichtbar zu machen.«

Oje, das! Oje, oje! Die Engelchen stöhnen. Sich unsichtbar machen ist furchtbar schwer, schwerer als alles andere.

»So etwas wie mit Bruno darf nicht mehr passieren«, sagt Engel Malfriede. »Das Mädchen Lena hat ihn gesehen und der Junge Niklas träumt jede Nacht von ihm.«

»Von mir?«, strahlt Bruno.

»Ja, von dir«, sagt Engel Malfriede streng. »Dein Glück, dass du den Jungen zufällig vor einer Verbrühung gerettet hast, sonst würdest du eine Woche auf dem Schlafschiff verbringen!«

». . . und Schlaflieder singen«, sagt Bruno entsetzt. Das ist das Langweiligste, was er sich vorstellen kann.

»Genau«, sagt Engel Malfriede. »Macht jetzt die Augen zu. Ihr alle. Konzentriert euch. Der Spruch heißt . . . Wie heißt der Spruch, Tita?«

Tita denkt nach.

Bruno ist schneller. Denn Reime kann er sich gut merken. »Ich bin zwar da, ich bin dir nah, doch siehst du mich ganz sicher nicht!«, ruft er.

»Richtig. Und an was musst du dabei denken? – Tita?«

»An . . . Sonnenlicht?«, vermutet Tita.

»Dann sieht man dich ja noch viel besser!«, ruft Engel Malfriede.

»An Nebel!«, sagt ein Engelchen. Und ein anderes ruft zugleich: »An Wasser!«

»Unsinn.« Engel Malfriede ringt die Hände. »Alles falsch. *Du musst denken, dass es dich nicht gibt!*«

Die Engelchen versuchen es. Sie strengen sich unheimlich an. Sie zwicken die Augen zu. Sie murmeln den

Spruch. Aber wenn sie ein bisschen blinzeln, sehen sie, dass sie alle immer noch im Halbkreis da sitzen, nicht eines von ihnen ist unsichtbar geworden.

Bruno murmelt den Spruch schon zum zehnten Mal. Er lässt kein Wort aus, denn der Spruch gefällt ihm. Nur kann sich Bruno beim besten Willen nicht vorstellen, dass es ihn nicht gibt. Das geht einfach nicht.

Tita kann es sich auch nicht vorstellen. Sie freut sich doch schon auf die Mittagsstunde und aufs Sonnetrinken – wie sollte das möglich sein, wenn es sie gar nicht gäbe?

Engel Malfriede macht es ihnen vor: Da sein und nicht da sein. Engel Malfriede verschwindet und steht im nächsten Augenblick wieder an genau derselben Stelle.

»Ja!«, ruft Engel Malfriede plötzlich. »Bruno! Deine Füße sind schon weg!«

Bruno schaut hinunter. Er hat seine Füße vor lauter Anstrengung tief in den wolkigen Boden gebohrt. Jetzt zieht er sie heraus.

Die Engelchen kichern.

Engel Malfriede vergräbt das Gesicht und die Arme in den Flügeln und stöhnt: »Warum bin ich ausgerechnet Lehrerin geworden . . .«

Eine Hummel aus Knete

Die Erdenkinder im Kindergarten lernen heute ein neues Lied. Das Lied heißt:

*Hummel, brummel, summ-summ-summ,
flieg mal schön im Kreis herum.
Summe, brumme, flieg geschwind,
wiege dich im Frühlingswind.*

Sie lernen das Lied, damit Lena nicht mehr weint. Lena ist das Mädchen, das eine Riesenhummel gesehen haben will. Aber jetzt sagen alle, Lena lügt, es gibt keine Riesenhummel. Nur Niklas sagt nichts. Denn er träumt ja jede Nacht von einer goldenen Riesenhummel. Wenn er das den Kindern erzählt, behaupten sie vielleicht, dass er auch lügt.

Die Kinder dürfen Hummeln spielen und im Kreis herumfliegen und dazu singen:

*Hummel, brummel, summ-summ-summ,
flieg mal schön im Kreis herum.
Summe, brumme, flieg geschwind,
wiege dich im Frühlingswind.*

Das ist schön, das macht Spaß! Lena singt und spielt bald auch mit und davon trocknen ihre Tränen.
Niklas läuft manchmal aus dem Kreis heraus und hinüber zum Schrank. Dort streckt er sich nach der Teekanne, aber er kann sie nicht erreichen. Blitzschnell dreht er sich zum Fenster herum. Er guckt ein wenig, schüttelt den Kopf und läuft in den Kreis zurück, um wieder Hummel zu spielen.

Eine Minute später ist er aber aufs Neue am Schrank.
»Niklas, sag mal, was machst du da eigentlich?«, fragt die Erzieherin endlich.

»Nichts«, sagt Niklas. Er streckt sich nach der Teekanne und schaut blitzschnell zum Fenster, aber da draußen ist nur der Garten. Niklas schüttelt den Kopf. Falls Mama Recht haben sollte, falls das wirklich ein Schutzengel war, dann muss er doch auftauchen, wenn ein Kind nach der heißen Teekanne greift! Das muss er doch, oder?

Später probiert es Niklas mit einem Stuhl. Er stellt ihn an den Schrank und kann jetzt die Teekanne erreichen.
»Niklas!«, ruft die Erzieherin. »Lässt du das wohl bleiben? Willst du wieder den Tee ausgießen?«
Aber Niklas fasst die Kanne ja gar nicht an, er tut nur so!

Und wenn die Erzieherin laut schimpft, kommt natürlich kein Engel herbeigeflogen! Niklas zieht ein Gesicht. Er gibt es auf. Er geht zu seinem Platz. Denn jetzt dürfen die Kinder Hummeln aus Knetmasse formen. Niklas nimmt ganz viel gelbe Knete. Seine Hummel soll die größte von allen werden. Aber Lena will auch die gelbe Knete haben. Und ihre Hummel soll die allerallergrößte werden! So viel gelbe Knete ist nicht da.
Niklas hat eine Idee. Er flüstert mit Lena. Und danach machen sie gemeinsam mit der gelben Knete die allerallergrößte Hummel. Sie wird sehr schön. Zusammen tragen Niklas und Lena die gelbe Riesenhummel zum Fenster und setzen sie auf die Fensterbank. Dann tre-

ten sie einen Schritt zurück und legen den Kopf schief.

»Hat sie wirklich so ausgesehen, Lena?«, meint Niklas.

»Nein«, sagt Lena. »Sie war viel goldener. Und irgendwie . . . durchsichtig oder so.«

»Genau wie meine im Traum!«, flüstert Niklas. »Genau wie meine!«

»Also, wenn die da noch einmal behaupten, ich lüge . . .!«, zischt Lena.

»Dann verhauen wir sie, jawohl«, sagt Niklas. »Oder, warte, Lena, wir erzählen ihnen einfach nichts mehr, das ist am allerallerallerbesten! Wir behalten es für uns, wir beide!«

Die wilden Fußballmänner

Engel Malfriede ruft: »Aufstellen zum Kreis!«
Da laufen die Engelchen schnell herbei und fassen sich an den Händen. Denn bestimmt hat Engel Malfriede etwas Besonderes vor. Und tatsächlich, Engel Malfriede schickt Bruno mitten in den Kreis.
»Letzte Nacht«, sagt Engel Malfriede mit geheimnisvoller Stimme, »hatte ich Besuch vom Kindergartenengel. Deshalb weiß ich, dass es im Kindergarten zwei neue Freunde gibt, Niklas und Lena. Und wem ist das zu verdanken?« Engel Malfriede guckt Bruno an. »Ja, Bruno, dir. Auch wenn du manchmal schrecklich vorlaut bist, wirst du doch vermutlich ein guter Schutzengel werden. Das musste mal gesagt werden, ich kann ja nicht immer nur schimpfen!«
Die Engelchen laufen zu Bruno, umarmen ihn und er-

drücken ihn fast – genau wie sie es einmal auf einem Fußballfeld beobachtet haben; das ist an einem Sonntag gewesen, sie haben Löcher in eine Wolkenwand piksen und heimlich beim Spiel zusehen dürfen. Genau wie die wilden Fußballmänner drücken sie Bruno auf den Boden und küssen ihn, bis Engel Malfriede ruft: »Jetzt ist aber Schluss!«

»Schluss mit Kuss«, stöhnt Bruno. Er streicht sein Hemdchen glatt und strafft die zerknitterten Flügelchen.

»Jetzt alle hinsetzen«, befiehlt Engel Malfriede. »Und aufpassen. Wir üben heute nicht Unsichtbarwerden...«

»Juhuuuu!«, jubeln die Engelchen.

»... sondern Gedanken lesen!«

»Juhuuuu!«, jubeln die Engelchen. Denn Gedanken lesen ist leicht.

Engel Malfriede sagt: »Wenn Erdenkinder etwas wollen, denken sie dauernd daran. Starke Gedanken lesen ist einfach. Also, woran denke ich?«

Tita meldet sich. »Du denkst daran, dass es bald Mittag ist!«

»Falsch, Tita«, sagt Engel Malfriede. »*Du* denkst daran, dass es bald Mittag ist, du darfst nicht deinen Gedanken mit meinem verwechseln!«

Tita konzentriert sich. Aber sie kann nur an den warmen, goldenen Sonnenschein denken.

Engel Malfriede wartet und lächelt dabei seltsam.

Mehrere Engelchen heben die Finger.

»Ja, Fanny?«

»Du denkst was Komisches«, sagt Fanny zögernd.

»Du denkst, dass wir heute *keinen* Sonnenschein kriegen...«

»Richtig«, sagt Engel Malfriede.

»Das denkst du aber nur zum Spaß!«, rufen die Engelchen.

»Nein«, sagt Engel Malfriede und lächelt nicht mehr. Tita begreift es als Erste und fängt zu klagen an: »Oj-oj-oj-oooj, oj-oj-oj-oooj . . .«

»Kein Gejammer«, sagt Engel Malfriede, »es muss sein. Wenn ihr einmal nichts kriegt, lernt ihr vielleicht euch unsichtbar zu denken. Ihr haltet es heute ohne Sonnenschein aus, und morgen wird eisern geübt, bis der Letzte von euch unsichtbar ist. Jawohl. Ich bin jetzt einmal *streng*.«

»*Peng!*«, flüstert Bruno und schießt mit dem Finger auf Engel Malfriede. Aber Engel Malfriede beugt sich über die jammernde Tita und sieht es nicht.

»Peng, peng, peng«, sagt Bruno. Er macht ein langes Gesicht, wie die anderen Engelchen auch. Denn hungern müssen, das ist gemein!

Bruno kann es

Eine seltsame Nacht ist das. Für die Engelchen im Schlafschiff und für Niklas in seinem Bett auf der Erde. Es ist eine Nacht voller Unruhe. Bei Niklas liegt es nicht am Hunger. Aber bei den Engelchen! Blass wie Gespensterschäfchen liegen sie im Schiff und kuscheln sich fest aneinander, als würde das helfen. Der Schlafengel wacht mitleidig über sie.

Tita hat so viel gejammert, dass sie vor Erschöpfung eingeschlafen ist. Sie ist dünn und leuchtet kein bisschen, genau wie die anderen Engelchen. Bruno wacht immer wieder auf, weil ihm so komisch ist, er fühlt sich hohl und leer und schlapp. Kaum dass er ein Bein oder einen Arm heben kann, es fehlt ihm die Kraft dazu. Und die Lust auch. Er kann sich bald vorstellen, dass er nie mehr aufsteht. Matt hebt Bruno einen Arm ins Sternen-

licht: Der Arm hier wird wahrscheinlich verschwinden. Wie der ganze Bruno auch, mit Haut und Haar und Flügeln. Unwillkürlich denkt Bruno an den Spruch *Ich bin zwar da, ich bin dir nah, doch siehst du mich ganz sicher nicht* ... Brunos Arm wird blass und blässer. Auf einmal ist er weg. Bruno hebt den anderen Arm, aber der ist auch weg. Und die Beine auch. Und jetzt verschwindet das Hemdchen. Alles fühlt sich plötzlich ganz leicht an und der Hunger tut nicht mehr weh.

»Du kannst es«, flüstert der Schlafengel, »du kannst es, du hast es gelernt!« Denn dort, wo Bruno gelegen hat, sieht der Schlafengel jetzt nichts mehr.

»Wirklich? Tatsächlich? – Ich bin unsichtbar! Und es war überhaupt nicht schwer!«, jubelt Bruno.

»Siehst du«, sagt der Schlafengel. »Anstatt auf deine Lehrerin böse zu sein, solltest du dich freuen, dass sie so einen guten Trick wusste. Jetzt brauchst du nur noch den Spruch *Eins-zwei-drei, sofort herbei!*. Und ich verrate dir was: Wenn man es einmal gekonnt hat, kann man es immer. Man muss dazu nicht mehr vorher hungern.«

»Wirklich?« Bruno wird plötzlich sehr lebendig. Er hat eine Idee. »Eins-zwei-drei, sofort herbei!«, sagt er und ist auch schon sichtbar. Er rüttelt die Engelchen wach. Matt schlagen sie die Augen auf. Tita stimmt ihr Klagelied an: »Oj-oj-oj-oooj, oj-oj-oj-oooj . . .«

»Still!«, sagt Bruno. »Guckt mal!« Er lässt seine Arme verschwinden und die Beine und alles.
Die Engelchen springen auf. »Bruno, wo bist du?«
»Noch immer da, wo ich war«, sagt Bruno.
Die Engelchen tasten nach ihm, aber sie finden ihn nicht. Daran merkt Bruno, dass er nicht nur unsichtbar geworden ist, sondern auch *ungreifbar*.
»Oh Donnertannenzapfen!«, murmelt Bruno. Das ist sein stärkstes Wort, seit ihm ein Tannenzapfen auf den Kopf gefallen ist, als sie einmal im grünen Wald waren. Er denkt sich mehrmals im Wechsel sichtbar und unsichtbar.
»Wie machst du das?«, rufen die Engelchen in heller Aufregung.
»Ich bring es euch bei«, sagt Bruno. »Und dann gibt es morgen eine kleine Überraschung für Engel Malfriede!«

Während die Engelchen üben, wacht Niklas in seinem Bett davon auf, dass seine goldene Riesenhummel im Traum blass und blässer geworden und zuletzt ganz verschwunden ist. Er probiert wieder einzuschlafen und neu zu träumen, er will seine goldene Riesenhummel zurückhaben. Aber sooft er es versucht, sie erscheint nicht wieder.

Oh Schreck!

»Ui, guck, wer da kommt!«, ruft Bruno und zeigt mit ausgestrecktem Arm auf irgendwas hinter Engel Malfriede.
»Da, da, schau!«, rufen alle Engelchen und zeigen mit den Fingern in dieselbe Richtung wie Bruno.
Engel Malfriede dreht sich um. Als aber niemand auftaucht, kein himmlischer Besuch, kein vom Kurs abgekommener Flieger, nicht mal ein Storch oder ein Adler, wendet sie sich wieder nach vorn zur Klasse.
Die Engelchen sind weg.
Engel Malfriede reibt sich die Augen. Das kann doch nicht sein, oder? Sie ist doch auf dem Schulschiff, sie wollte gerade mit dem Unterricht beginnen und die Engelchen saßen genau vor ihr, dünn und blass zwar, aber sie waren alle da!

Engel Malfriede rennt zur Bordwand und beugt sich darüber. Kein einziges Engelchen liegt zappelnd auf dem Wolkenteppich und will zurückgeholt werden, nicht eins.

Engel Malfriede dreht sich im Kreis. Wohin ist ihre Klasse verschwunden?

Sie schaut hinter das Segel, ob sich die Engelchen dort versteckt haben.

Sie guckt hinauf zur Mastspitze, als könnten die Engelchen vielleicht wie Weizenkörner daran kleben. Sie prüft alle Himmelsrichtungen, ob etwa der Wind die Engelchen weggeblasen hat, denn sie waren ja vom Hunger ganz leicht und schwach geworden. Aber bis auf einen Heißluftballon und ein paar weiße Wölkchen ist der Himmel leer.

Da kommt Engel Malfriede ein schrecklicher Gedanke: Die Engelchen sind vor Hunger vergangen und in den Großen Atem zurückgekehrt, aus dem Gott sie geformt hat! Alle Engel dürfen sich, wenn sie genug geleistet haben, im Großen Atem auflösen – aber die kleinen hier, die waren doch noch viel zu jung, und Engel Malfriede muss es verantworten, dass ihre Klasse jetzt nicht mehr existiert!

Mit einem Wehlaut schlägt Engel Malfriede die Hände vors Gesicht, sie duckt sich unter den übergroßen Flügeln zusammen und kauert auf dem Boden des Schulschiffes wie ein abgestürzter Vogel.
Das haben die Engelchen nicht gewollt.

»Eins-zwei-drei, sofort herbei!«, flüstert Bruno und die Engelchen sprechen den Spruch nach.
Schon sind sie alle sichtbar. »Engel Malfriede!«, rufen sie. »Da sind wir! Wir sind doch gar nicht weg!«
Engel Malfriede hebt das tränenüberströmte Gesicht. So haben die Engelchen ihre Lehrerin noch nie gesehen. Sie laufen zu ihr hin.
»Wir waren doch bloß unsichtbar«, sagt Bruno und streckt angstvoll die Hand aus. Er und alle Engelchen berühren scheu Engel Malfriedes große Flügel, die immer länger werden, als die Lehrerin sich aufrichtet.
»Wir machen es auch nie wieder«, flüstert Fanny.
»Oh doch«, sagt Engel Malfriede nach dreimal Schlucken. »Oh doch, verflixt. Jetzt, wo ihr es gelernt habt. Wir bestellen das Mittagsschiff früher als sonst und segeln sofort zur Sonne. Und sobald ihr sonnentrunken seid, zeigt ihr mir, was ihr könnt. Heute Nachmittag ist Schule!«
Kein Engelchen beklagt sich darüber.
Nur Tita sagt: »Aber hungern müssen wir nie wieder, sag, Engel Malfriede?«

Frau Bischof, gibt es Engel?

Niklas und Lena gehen jetzt zur Schule. Seit dem Tag, an dem sie gemeinsam eine Hummel aus Knete geformt haben, sind sie Freunde geblieben. Ihre goldene Hummel haben sie allerdings nicht mehr wieder gesehen, nicht in Wirklichkeit und nicht im Traum.
»Wir fragen mal Frau Bischof, ob es Engel gibt«, schlägt Niklas vor. Frau Bischof ist ihre Lehrerin und Lehrerinnen wissen alles.
»Du fragst«, sagt Lena.
»Nein, du«, sagt Niklas.
»Also gut.« Lena meldet sich.
»Frau Bischof, gibt es Engel?«
»Wir rechnen jetzt, Lena«, sagt Frau Bischof.
»Ja, aber gibt es Engel?«

Frau Bischof seufzt. Egal, wie sie antwortet, hinterher geht die Fragerei bestimmt weiter. Rechnen ist so viel leichter: Auf die Frage *Wie viel ist zwei plus zwei?* gibt es eine klare Antwort. Bei *Fünf minus vier* ist es genauso. Überhaupt kann man alles zählen, was man sieht: Filzschreiber, Buntstifte, Radiergummis, Kinder, Stühle, Häuser. Und diese Sachen gibt es auch, das ist mal sicher. Aber wie ist es mit den Dingen, die man nicht sieht? Sind das denn überhaupt *Dinge?* Frau Bischof denkt nach. »Ist dir schon mal beinahe etwas passiert, aber eben nur *beinahe?*«, fragt sie zurück.

Die Finger schnellen nach oben.

»Ich bin bei meiner Tante in den Gartenteich gefallen«, sagt Laura, »aber meine Tante hat mich rausgezogen!«

»Ich hab eine Kerze angemacht und bin eingeschlafen und meine Oma hat es gesehen«, sagt Katharina.

»Mein Schwimmkrokodil hat die Luft verloren, aber jemand hat mich schreien hören«, sagt Florian.

»Und ich, ich, ich . . . hab meine Inliner nicht mehr bremsen können, aber das Auto hat gebremst!«, ruft Alexander.

»Lena, du hast nichts zu erzählen?«, fragt Frau Bischof.

»Doch«, sagt Lena. »Im Kindergarten haben wir gemalt und ich hab auf einmal zum Fenster geschaut, und da war was, und da hab ich geschrien . . .«

»Das gehört aber nicht hierher«, sagt Frau Bischof.
»Doch!«, meldet sich Niklas. »Weil ich nämlich die heiße Teekanne losgelassen habe!«
Frau Bischof beschwert sich: »Was erzählt ihr denn da?«
Niklas sagt nichts mehr. Lehrerinnen wissen anscheinend doch nicht alles. Und *die* Geschichte zu erklären ist ihm zu kompliziert. Lena hat wenigstens nichts von der goldenen Hummel gesagt, sonst hätte man sie bestimmt wieder ausgelacht.

Frau Bischof sagt: »Bei Laura, Katharina, Alexander und Florian wäre beinahe etwas Schlimmes passiert. Doch jemand hat Lauras Tante im rechten Moment in den Garten geschickt, jemand hat Katharinas Oma in Katharinas Zimmer gerufen, jemand hat einem Menschen die Ohren aufgemacht, als Florian schrie, und jemand hat den Autofahrer vor Alexander bremsen lassen.«
»Und jemand hat Lena zum Schreien gebracht, als ich die Teekanne kippen wollte«, sagt Niklas.
»Ach?« Frau Bischof geht ein Licht auf. »So ist das also gewesen!«, sagt sie. »Nun, die vielen unsichtbaren Jemands – wenn das vielleicht Schutzengel waren?«
»Das kann sein!«, sagt Niklas. »Aber immer ist der Schutzengel nicht da, glaube ich. Manchmal mag er nicht!«
»So?«, sagt Frau Bischof. »Was tust du dann?«
»Selber aufpassen«, sagt Niklas.

Ein Gärtner mit Sonnenstich

»Heute ist es so weit«, kündigt Engel Malfriede an.
Seit sich die Engelchen unsichtbar machen können, haben sie auf diesen Moment gewartet. »Juhuu, endlich!«, rufen sie und schwirren aufgeregt herum. Ihre Füßchen berühren kaum noch den Boden, denn mit dem Fliegen klappt es inzwischen schon gut. Bruno zum Beispiel steigt auf die Bordwand, wenn Engel Malfriede mal nicht hersieht, und schwirrt zur anderen Seite des Schulschiffes hinüber, wobei er auch noch dreimal den Mast umrundet.
Für den weiten Flug allerdings, den sie heute machen, müssen sich die Engelchen an den Händen fassen und Engel Malfriede das Fliegen überlassen. Es geht nämlich zur Erde hinunter, es ist der Tag, an dem sie lernen durch Wände zu dringen.

Durch eine Wolke zu dringen haben sie schon geübt. Es war nicht besonders schwer, die Engelchen sind nur manchmal zusammengeprallt, weil sie in dem Dampf und Nebel nichts gesehen haben.

Heute ist ein strahlender Tag. Das einzige Wölkchen am Himmel ist das Schulschiff, das die Engelchen hinter sich gelassen haben. Sie fliegen an Engel Malfriedes Hand pfeilgerade nach unten, wo etwas gleißt und funkelt: die Glashäuser einer Gärtnerei.

Kein Mensch könnte dorthin schauen, ohne sich die Augen zu verblitzen. Deswegen hat die Engelslehrerin diesen Ort ausgesucht. »Wir fliegen durch das Dach!«, ruft sie. »Und wehe, wenn sich eines von euch unsichtbar macht. Ich will euch alle sehen!«

Seit dem Morgen, an dem die Klasse verschwunden war, sitzt Engel Malfriede der Schreck in den Gliedern. »Augen auf und durch!« Sechzehn kleine Engelchen stoßen hinter ihrer Lehrerin durch das Glas, ohne es zu zerbrechen. Sie landen auf einem riesigen Tisch mit lauter Blumentöpfen.
»Aua-aua-aua!«, jammern die Engelchen im Chor. Selbst Engel Malfriede entschlüpft ein Wehlaut – ausgerechnet das Kakteenhaus haben sie erwischt!
Und jetzt kommt auch noch jemand ...
»Uns gibt es nicht!«, zischt Engel Malfriede. »Schnell!« Mit schmerzverzerrten Gesichtern sagen die Engelchen den Spruch »Ich bin zwar da, ich bin dir nah, doch siehst du mich ganz sicher nicht!« Dazu denken sie an den Hungertag und sind auch schon unsichtbar.
Nur Fanny schafft es nicht ganz: Ein dicker Kaktusdorn steckt in ihrem runden Po. Man kann einen Körperteil, der so wehtut, nicht wegdenken.

Deshalb sieht der Gärtner, der jetzt ins Glashaus kommt und seine Schere sucht, einen schimmernden Engelspopo über dem Kakteentisch. »Was ist denn das?«, murmelt er. »Bin ich verrückt? Oder hab ich vielleicht einen Sonnenstich? Wo kommt der Ballon her?« Vom Ballon ist nur eine halbe Rundung zu sehen. Das ist ziemlich unheimlich. Der Gärtner wagt nicht hinzufassen. »Die Schere«, murmelt er, »ich nehme die Schere . . .« Aber bis er sie gefunden hat, ist es der Engelslehrerin geglückt, ihr unsichtbares Gewand über Fanny zu breiten.
»Wo ist der Ballon?«, murmelt der Gärtner und schleicht mit gezückter Schere um den Tisch. Er sucht und sucht – aber umsonst, der halbe Leuchtballon ist verschwunden.

»Ich hab bestimmt einen Sonnenstich, ich leg mich sofort ins Bett«, sagt der Gärtner benommen.

Wie eine Ladung Ferkelchen

Die Engelchen haben fleißig geübt durch Wände zu dringen, durch gläserne, durch hölzerne und durch solche aus Stein. Am schwierigsten ist die Betonwand einer Brücke, die schaffen sie nur, als sie unsichtbar sind.
»Sichtbar machen! Genug für heute«, sagt Engel Malfriede endlich und zählt dann sechzehn Engelchen, die auf dem Brückengeländer stehen.
In der Ferne taucht ein Lastwagen auf. Die Engelslehrerin findet, ihre Klasse hat eine Belohnung verdient.
»Alle zu mir! An den Händen fassen!«, kommandiert sie. »Jetzt unsichtbar denken!«
Der Lastwagen nähert sich. Der Fahrer weiß nicht, dass fünf Sekunden später ein großer Engel und sechzehn kleine durch die Plane seines leeren Anhängers fliegen und sich von ihm mitnehmen lassen.

»Ihr dürft euch sichtbar machen«, sagt Engel Malfriede. Das lassen sich die Engelchen nicht zweimal sagen. Mann, ist Auto fahren lustig! Man kann sich im leeren Laderaum nirgendwo festhalten, deshalb fallen die Engelchen in jeder Kurve um und quietschen vor Vergnügen. Engel Malfriede hält mit gespreizten Flügeln die Balance und gönnt ihnen den Spaß. Die Engelchen nützen das aus und quietschen wie eine Ladung Ferkelchen. Sodass ein Mann am Straßenrand empört zu seiner Frau sagt: »Hörst du das? Die armen Schweinchen! Wie kann der Fahrer mit einer lebenden Fracht so in die Kurve gehen!«

In der Stadt fährt der Lastwagen langsamer, denn da sind Ampeln. Die Engelchen fliegen nicht mehr durcheinander, sondern gucken sich durch die Ritzen der Plane die Häuser, Straßen, Autos und Menschen an.
An einer Fußgängerampel stehen zwei Kinder. Das sind ja Niklas und Lena, Bruno erkennt sie wieder!
Für einen Moment müssen alle warten, der Lastwagen und die Kinder. Dann bekommen die Fußgänger Grün. Niklas und Lena laufen los, sie sehen den Radler nicht, der die rote Ampel missachtet und um die Ecke heran saust. Bruno erschrickt so sehr, dass er ohne Absicht durch die Plane dringt und für einen Augenblick über der Straße schwebt, ehe Engel Malfriede ihn mit langem Arm zurückholt.

Der Augenblick hat genügt. Niklas und Lena sind zurückgeprallt und stehen wie angewurzelt da. Der Radler fährt ihnen fast über die Zehen und streift Lenas Nase.

»Hast du gesehen?«, keucht Niklas. »Das war . . . das war . . .«

». . . ein kleiner Engel!«, kreischt Lena. »Wo ist er jetzt?«
Vor der Ampel steht eine Autoschlange, ganz vorn ein Lastwagen. An seiner Längsseite, genau vor der Plane, haben sie den Engel gesehen. Aber nun ist er weg.

»Niklas, der war so golden wie unsere Hummel!«

»Das war ein Engel! Mit Flügeln!«

»Sag ich doch!«, schreit Lena.

Plötzlich dreht Niklas den Kopf zur Seite und sieht dem Radfahrer nach. »Lena? Der Radler da – der hätte uns beinahe überfahren . . .«

»Glaubst du?«, sagt Lena atemlos.

»Ich *weiß* es! Mensch, Lena, und ich weiß auch, wovon ich heute Nacht träume!«

»Wirklich? Dann träume ich vielleicht auch davon?«, sagt Lena mit glänzenden Augen.

»Wir erzählen es uns morgen. Aber wir erzählen es keinem sonst, das ist nämlich *unser* Engel!«, jubelt Niklas.

Tita auf der Kirchturmspitze

»Engel Malfriede«, sagt Bruno mitten im Unterricht, »wenn man einmal groß ist, darf man sich dann aussuchen, wo man arbeitet?«
»Nicht unbedingt«, antwortet Engel Malfriede. »Es hängt auch davon ab, wofür man begabt ist. Ich zum Beispiel . . .«
»Ich werde mal ein guter Schutzengel, hast du gesagt!«, ruft Bruno.
»Das kann schon sein«, sagt Engel Malfriede. »Aber ich zum Beispiel, ich wollte . . .«
»Dann möchte ich den Niklas beschützen. Und vielleicht die Lena dazu. Geht das?« Bruno schwebt vor Begeisterung knapp über dem Boden, während der Rest der Klasse dasitzt und gespannt zuhört.
»Setz dich, Bruno«, sagt Engel Malfriede streng. »Noch

ist es nicht so weit, noch musst du lernen. Ich wollte auch . . .«

»Ich fall auf den Bauch«, sagt Bruno und tut es.

Die Engelchen lachen.

Engel Malfriede will schon mit den Flügeln schlagen, erinnert sich aber gerade noch an das Schneetreiben, das dabei entsteht. »Bruno! Ich leg dich übers Knie!«

»Das tust du nie!«, sagt Bruno. Er blinzelt treuherzig, denn jetzt ist er wirklich frech gewesen.

»Ach Bruno«, sagt Engel Malfriede und muss nun auch lachen. »Du bist mir einer!«

»Ich bin ein fei . . .«

»Schsch!«, macht Engel Malfriede. »Wenn du weiterreimst, wirst du niemals den Niklas beschützen.«

Warum nicht?«, sagt Bruno erschrocken.

»Weil du dann ein Dichterengel wirst.«

»Was ist das denn?«, wollen alle Engelchen wissen.

»Das ist ein Engel, der hinter einem Dichter schwebt. Oder hinter einer Dichterin. Er muss Tag und Nacht aufpassen, dass der Dichter keine schlechten Reime macht. Das ist sehr anstrengend. Das Schlimmste ist, dass der Dichter auch im Schlaf Reime macht, meistens ganz schlechte. Und dann muss der Engel zur Stelle sein und fix einen Traum davorschieben. Wäre das etwas für dich, Bruno?«

Bruno schüttelt den Kopf, dass seine Haare fliegen. Er presst den Mund ganz fest zu, damit ihm kein Reim mehr herausschlüpft. Auch wenn Reimen Spaß macht – aber dauernd auf die Gedichte von anderen aufpassen, das muss fürchterlich sein.

»Engel Malfriede?«

»Ja, Fanny?«

»Wolltest du vielleicht auch einmal ein Schutzengel werden?«

»Ja, Fanny.«

»Warum bist du dann keiner geworden?«

Engel Malfriede seufzt tief. Und sagt dann: »Ich war zu gut in der Schule, ich habe immer alles gewusst, ich hatte dauernd den Finger oben. Und da musste ich Lehrerin werden ...«

Ein paar Engelchen, die schon den Finger oben haben, um etwas zu fragen, holen ihn erschrocken zurück.

Nur Tita fragt: »Gibt es eine Arbeit, wo man viel Sonne abkriegt?«

»Ja«, sagt Engel Malfriede. »Dich setzen wir auf die Kirchturmspitze. Dort darfst du von Zeit zu Zeit ein bisschen leuchten. Damit die Menschen aufschauen und sich daran erinnern, dass es noch etwas anderes gibt als rennen und arbeiten. Einverstanden?«

»Jaaaa!«, sagt Tita und glüht vor Freude.

Bücherbär  Vorlesebuch

3-Minuten-Geschichten:

Isabel Abedi -
Abenteuergeschichten für 3 Minuten
ISBN 3-401-0**8751**-7

Ulrike Kaup -
Freundschaftsgeschichten für 3 Minuten
ISBN 3-401-0**8558**-1

Frauke Nahrgang -
Geschichtenspaß für 3 Minuten
ISBN 3-401-0**7948**-4

Jutta Langreuter -
Teddygeschichten für 3 Minuten
ISBN 3-401-0**8410**-0

Friederun Reichenstetter -
Kuschelgeschichten für 3 Minuten
ISBN 3-401-0**8263**-9

Christa Zeuch -
Mutgeschichten für 3 Minuten
ISBN 3-401-0**8442**-9

Ingrid Kellner -
Gutenachtgeschichten für 3 Minuten
ISBN 3-401-0**8340**-6

Jeder Band:
Gebunden. Ab 4 Jahren
Durchgehend farbig illustriert.

www.arena-verlag.de